AF347212

EN UN SOLO RÍO DE IDA Y VUELTA

Tú eres 'Eso'

ExLibric

MATOAKA

EN UN SOLO RÍO DE IDA Y VUELTA

Tú eres 'Eso'

EXLIBRIC

ANTEQUERA 2020

MATOAKA

EN UN SOLO RÍO DE IDA Y VUELTA

Tú eres 'Eso'

Abrazos,
abrazos como se anudan gavillas de trigo
para no perder tanta espiga dorada.

Introducción

Esta pequeña obra, que he titulado *En un solo río de ida y vuelta. Tú eres 'Eso'*, constituye el cierre de un Ciclo articulado en dos partes. Cuando empecé a escribir –a propósito de este ciclo–, no sabía que estaba elaborando piezas que iban a encajar en una particular cosmogonía expresada mediante palabras cuyo sentido unitario, personal y trascendente, he ido descifrando después. Tampoco sabía que esas piezas y las palabras harían pasar mi vida por una transición sin vuelta atrás.

La primera parte tomó forma en el libro *El camino del deseo* (Matoaka, 2019).

En *El camino del deseo* hay un poema premonitorio, *Lila*, cuyo significado he entendido, en su plenitud, una vez cerrado el Ciclo:

Lila

Retraes la mirada
a tu mundo de cristal.

En ausencia de realidad,
te sigues a ti mismo:

Alcanzas
las oscuras, claras transparencias.

Juegas con los contrastes
al juego universal
que tú conoces:

El Todo y el Uno,
el Yo y el no Yo,
donde el tú
no tiene cabida.

Matoaka, *El camino del deseo*, 2019, p. 42.

No hay un Tú, salvo que no podamos llegar a él y hacerlo "parte de nosotros".

En el índice de *En un solo río de ida y vuelta. Tú eres 'Eso'* se recoge una particular visión *de 'El Otro' ('El Otro'=Tú)* dibujada en diferentes capítulos. Se trata de una mirada integradora del *otro*, rastreada dentro de mí misma y de personas con quienes he podido compartir complicadas vivencias o tener simples gestos de identificación. Una mirada a dos que va y viene, que capta en *el otro* algo que te mira y se adueña de ti... (*Creándote, creándome*). Un reconocimiento a veces fácil y sorprendente (*Como si tú me miraras*), a veces difícil pero revelador (*¿Quién eres tú?*).

Esta perspectiva integradora me ha guiado hasta mi propio *proceso de individuación*:

Me ha llevado a comprender mis palabras como representantes de una sombra que estaba aguardando el momento preciso (*La palabra dormida*) para recoger lo que otros y yo misma hemos compartido antes, ahora y en el futuro envolvente.

Me ha brindado la posibilidad de conocer las *negras sombras,* sombras negativas, primitivas, y las *sombras doradas*, positivas, o al menos legadas y asumidas como tales.

Me ha hecho entender, desde la posición del observador, las confusas imágenes del *ego* y encontrar la clave de cierre de un ciclo vital (*La redención del Yo*).

Todo ello conlleva una forma distinta de mirar que, en suma, me ha permitido adentrarme en la corriente del Todo (*Cuando el espacio se torna sobre sí mismo, fuera del tiempo*).

He podido, así, navegar sin miedo *en un solo río de ida vuelta.*

Matoaka, 2020

Resonancia

Cristalino vibrar,
armónico,
tu rosario de ámbar
describe quebrados círculos
ante mis ojos cerrados.

La nada como frontera del todo

Ahora…
Nada tengo.
¡Soy ahora!

Matoaka, *El camino del deseo*, 2019, p. 89.

1. La palabra dormida

El verso es el camino por el que voy descalza

Para Antonio S. T., que supo de mí y de mi futuro

I

Preliminar

"El mundo entero…, con el mar, el cielo,
la lluvia, las nubes…
El mundo entero es la metáfora de otra cosa".

…

"La experiencia de los sentimientos
nos descubre ante nosotros mismos".

De la película *El cartero y Pablo Neruda (1994)*.

La palabra dormida

Este es el destino
que la vida
me tenía…, nos tenía reservado.
Tú…, sabiendo.
¡Tú, entre mis sentimientos!

Mi fotografía,
como el mar, el cielo, la lluvia,
las nubes,
es metáfora de otra cosa:

del mundo que acompaña a mis versos,
tan escolares,
tan desnudos,
tan desnuda yo.

Tú presente,
hablándome de una ternura oculta,
de una ternura
que se confunde,
que se funde
con un rumor de sangre que me pertenece,
que se revuelve al pie de la escalera,
en los pasillos,
en las bancas de las aulas,
en la cercanía del gesto
y la palabra dormida.

II

Perípatos

Quiero recorrer desnuda
cada esquina de esta ciudad
que no conozco ni me conoce,
de esta ciudad
que nunca me dijo nada,
salvo lo estipulado,
nada
de para qué
        yo
           vivo.

El cruce diario de información momificada
me ha mantenido al margen
durante ese tiempo,
aparentemente propio,
que te gana la partida en la carrera,
que nada significa ante quien seas.

No eres lo que has hecho.
No lo que adquiriste.

Eres
aquella persona que ya eras,
que has desperdigado

en trozos
que apenas reconoces.

Eres…

Aquel camino a ciegas
cubierto de estrellas antiguas,
al borde de las higueras…

Aquel pasamanos árabe hecho de agua
y manos mojadas…

El roce, siempre sorprendente, de una caracola…

Espiral blanca y azul:
vela de velero anclado
en la Dársena de Levante…

Es hora
de recorrerme yo en esta ciudad
a la que llegué
con aquella carga de libros bien aprendidos,
con la certeza de ser lo que quería ser:
analizar, comprender,
averiguar, comparar,
contrastar.
Avanzar así, ser así.
Vivir así, ¿vivir?

Hoy…, tanto tiempo después y ninguno,
sabiendo de mí en tu silencio,
restas, como si nada, la distancia de entonces
reduciéndola a cero:

Algo estaba por crecer,
esperando, íntegro,
en el pequeño *perípatos*.

Suficientes su rellano y
sus plantas circundantes
apenas alimentadas, como yo misma,
por la lluvia.

—Por fin mi cabeza
ha venido a parar a donde debía,
amigo mío,
a esta íntima pasión y descubrimiento
de una vida
abierta ante sí.

III

Con aquel desconocido reclamo tuyo

Maestro…,
aquí tienes
la respuesta que,
tan calladamente,
me pedias:
ternura y vida,
ternura…, hecha vida.

Maestro…

Ya no aprendo con palabras,
las palabras me dan forma y
en su forma me reconozco.

¿Recuerdas?
Sí que recuerdas:

Banca segunda, a la derecha, atenta
a tu firme, académica, mirada.

Siguiendo, de tu mano cultivada,
a Jakobson y a Trubetzkoy,
a Roland Barthes,
a Benveniste.

Sentada, luego, en la pequeña, doble escalinata
del jardín,
mirando los callados magnolios,
volviéndolos a mirar
desde la galería emplomada:
sombras verdinegras,
profundas, quebradas
cristaleras…

¡Sin saber de tu intuición!

IV

El estribo

—Coloca tu pie
sobre la huella
de quienes ya caminaron por entre versos
sublimes.

¿Neruda, me dices, Juan Ramón?

—No te nombré a Hierro y a Tagore.

—Atenta: escucha el ritmo y la armonía.

Déjate llevar por la corriente
y serás tú misma,
apenas sin darte cuenta,
corriente en la corriente.

Entonces…, ven.
Ven a verme,
porque estaré esperándote
para sentarnos juntos,
repasar y escoger.

Tú sabrás el momento. Sin prisa.

—Asiento con la cabeza
lo mejor que puedo, porque
no sé…No sé,
esta vez,
lo que las palabras querrán
hacer conmigo.

V

Esquema
(En rebeldía)

Estás bastante muerto, sin sangre que recorra tus orillas.

¡Pobre Marilyn!

Ni fragor, ni vibración, ni manos, ni pies de nadie.

¿Dónde te quedaste perdido?
Posiblemente donde yo misma:
en las marañas
de arterias de otros,
de besos de otros.

No conoces sino estrategias
y la estrategia es olvido,
línea de ojos fríos
de quien no recuerda
cómo se come
con la mirada, con el cuerpo,
el cuerpo de otro,
la mirada de otro.

¡Canta, cabrero!
Luego aprende lo que hayas de aprender,
porque sin ti,
Miguel,
sin ser tú,
tu poesía estaría vacía,
viviría sujeta a andadores
de todos y de nadie.

2. Cuando el espacio se torna
sobre sí mismo,
fuera del tiempo

I

Saludo a Shiva

Sobre el cristal lleno de vaho –agua…, agua de tu cuerpo y
el mío–
escribes, antes de que despierte,
preciosas notas de ocultos pentagramas.

En plenitud de ti mismo.
Descalzo, de espaldas, con el torso desnudo.
Sin adivinarme tú…, aún.

…

ॐ नमः शिवाय
(Om namah shivaya)

Vuelo quebrado de lo eterno y mutable.
Recuerdo de este ahora tuyo y mío, que ya fue y seguirá siendo,
de este aquí, que es allí, donde cada noche soñamos estar.

II

Tat twam asi
(Tú eres 'Eso')

En la barca del Ganges me llevas
al pie de Templos en los que late la Antigua Vida.

Me has enseñado a ser-allí-contigo:

A viajar entre dos mundos que son uno mismo,
separado, apenas y tan profundamente,
por nuestro rostro no celeste.

A reconocerme, en la corriente, como parte del Todo.
Conciencia mía que gira sobre sí misma.
Conciencia misma que nos habita y somos.

En un solo río de ida y vuelta.

III

El tiempo contraído

¿Dónde están
las campanas de tu torre?

El tiempo ha dejado de hacer tic-tac.
Vences su presencia
con tu sola presencia,
enarbolando el gesto
con aparente, lograda, naturalidad,
mostrándole tu mente
fuera de su límite.

Silencio en el silencio.

Silencio que en el espacio vacío
se detiene,
se agolpa,
ajeno tú
a cualquier venida.

¿Dónde están
las campanas de tu torre?

¿Dónde?
¿Dónde?

3. Como si tú me miraras.
Azul y morado

On the road

Repaso la ropa.
¡El armario entero!
Entero ¡Claro!..., ¿qué quieres?

Me quito. Me pongo.
Collares, zapatos
a juego.
Pendientes.

¿Pulsera? No.
Pulsera no…

Esto con esto y con esto.
Sí.
Lo dejo aquí.

Este traje largo…
Lo cojo de la percha. Me lo pongo.
Será una sorpresa…
¡Qué bien!
No se lo espera…
Me lo quito.

A ver…

¿Y esta falda corta?

Pues sí…, me queda bien.
¡Muy bien! Ya está. Me la pongo.
¡Ay!, ¡uf!, ¿con qué blusa?
¿Blusa? No, no sé.
Me la quito.

Mejor el traje largo…

¿Y ahora qué?

¿Qué?...

El móvil. Correo.

¡¿Correo?!

¡¿Qué es esto?!

—*Falta corta o traje largo.*

¡¿Cómo?! ...

—*"On the road. Tienes veinte minutos"* –añades.

4. ¿Quién eres tú?

Violencia, miedo, control, lección, huida, muralla, batalla,
imagen desdoblada, obsesión, hueco, insomnio, dolor…
¡Liberación!

*En mitad del paisaje que inventamos
cuando el amor se nos quiebra*

Este capítulo está dedicado a las víctimas de maltrato

I

Escrito quebrado

Hombres y mujeres
con una diferencia
que alguien,
padre, madre, hermano, hermana, amigo, amiga…,
cualquier persona, la sociedad misma,
les impuso como un hueco que *ellos*,
con equivocada humildad, sin discernimiento alguno,
convirtieron en miedo ante los demás y ante sí mismos,
una carencia que incorporaron a sus vidas
en forma de sufrido menosprecio,
de 'verdad absoluta'. *Víctimas.*

Las víctima calla, asume su papel, su indefensión,
y queda a la espera del depredador;
busca, incluso, que otros le resuelvan su 'mal'.

Esos otros son personas innobles, al acecho,
personas que saben intuir y aprovechar el miedo ajeno
para retroalimentar, negativamente,
su propia pena. *Maltratadores.*

El maltratador carga con un esquema de dolor,
con una lacra individual, familiar o colectiva,
atávica,

encarnada en él;
arrastra un daño no superado. *Sombras.*
Negras, terribles sombras.

La debilidad de la víctima es la baza del juego.
Con su lastimado instinto de supervivencia como brújula,
el maltratador sabe hallar la raíz al aire de la víctima
y darle sustento.

Pero, en ese juego,
el maltratador es doblemente víctima:
víctima de un daño heredado
y víctima de sí mismo,
porque el mal es su vía, y ese mal que practica
lo hunde más y más en el laberinto del dolor
y lo encadena a las cadenas de Tántalo.

Para aliviar la tensión de su desdicha,
el maltratador convoca su daño,
lo concita vengándose en otro,
a ciegas o voluntariamente. *Ciclos, cadenas.*

No hay justicia que repare este dolor.

La víctima necesita romper el vínculo de su falsa necesidad,
encontrar el punto de la quiebra,
mirar de frente la herida que le infligieron,
reconocerla, comprenderla, borrarla.

Necesita
zanjar su dolor, ponerle límite, dejar de alimentarlo,
saberse, ella sola, digna de sí misma,
levantarse con sus propias manos y sus pies. *Equilibrio.*

Es entonces, casi de puntillas,
cuando el perdón llega en su humilde magnanimidad
y libera a la víctima de ataduras,
de las suyas e inesperadamente, piadosamente,
de las ataduras que la mantenían aferrada al maltratador.

Compasión. Sufrir con ellos.
Misericordia. Corazón en la miseria.

II

Tu oculta herida, tu sombra

Solo caminas.

Vas de repaso
por antiguas garitas,
por antiguas trincheras,
fincas ocupadas preferiblemente,
sin problemas.

Tomas las prendas
como del tendedero,
te las colocas,
te vistes
y sales a la calle reloj en mano
mirando tu tiempo,
el tiempo que no te dieron para el cariño,
para la ternura,
el que te tomas para tus viajes,
para disfrutar de las mujeres,
¿qué mujeres?, tantas…
Si ni las recuerdas.

Apenas te dejaron ellas nada, no reconocerías su olor siquiera.
Nada para mirar sobre la otra mesita de noche,
cuando la tocas, vacía,
antes de dormirte.

Medio mundo es tuyo:
tus pies y tus ojos
han hecho su trabajo,

el corazón, no…,
el corazón se te quedó prendido
en el corralito de las ausencias
—opaco, desconsolado brillo
de frigoríficos abarrotados de comida
que nadie cocinaba,
de restaurantes de buena calidad
que, a fuerza de ser tantos, tampoco recuerdas—.
Almuerzos, cenas, más almuerzos y más cenas.

Decidiste buscarte en el camino
y te hiciste puro caminante
de ti mismo, de tus dietas, de tus sentimientos a dieta,
del sexo que te nacía rodeado del miedo atroz
a retener, ni por un instante,
los sentimientos de mujer, de todas las mujeres,
que tan pronto te negaron.

¿Cómo no entender
que no puedes dar
lo que no tuviste?

Control. Dominio, sí.
Eso lo aprendiste bien.
Y huías…

Hoy, al final del recorrido que presientes, sabes
que aquellas armas arrojadizas se adueñaron de ti
con sus sordos ruidos de violencia,
que hicieron de ti un hombre herido,
un hombre con la lección bien aprendida,
que ha herido y hiere
de la misma forma que le enseñaron.

Y sigues huyendo.

III

*El nuevo día de la marmota**

Meto la mano
en la tupida red
de nuestras sensaciones
—de sensaciones mías
creadas a impulsos de ti—,
y encuentro lo que yo quiero,
mi imagen, una imagen hecha a tu medida,
una imagen ciega,
desnortada,
atrapada en el marasmo
de un presente debilitado,
cansado de mirar atrás,
un presente sin límite alguno,
convertido en inútil monólogo
al amparo del deseo no logrado.

Oigo mi voz deslizarse, sin remisión, por mi cabeza.
Oigo tu voz disfrazada de la mía.

---

* El título remite a la película *El día de la marmota (1993)*.

Oigo esa absurda conversación
que, cada día,
te construye para-mí-contra-mí-misma,
que destruye el propio presente
sometiéndolo
a un pasado imperfecto.

IV

Imágenes desdobladas

Apenas puedo sostener entre las manos
las gafas de sol con las que quisiera protegerme, ignorarte,
ignorar, incluso,
las pequeñas complicidades
con las que me atas y te atas al muro de la cobardía.

...

Encuentros buscados, ausencias...
Senderos ocultos, puertas.
Mágicos espacios bajo la arboleda, ¡a campo abierto!
Miradas..., siempre miradas.

...

Han temblado mis manos
en forma de deseo proyectado,
de besos y caricias,
de esos besos y caricias arrinconados por ti en el silencio,
en la distancia —distancia obligada, inmisericorde,
ofensiva para quien ama...—.
Besos y caricias que te daría,
sin límite,
en este mismo instante.

...

Cuando el dolor es la bestia
a la que acudo para retenerte…,
me dejo morir armada con tu desprecio.
La blancura del techo
resbala desde el centro de mi pupila cóncava,
se desliza lentamente hasta el borde seco
de mis ojos, me inunda…
Asciendo, sola contigo, hacia la nada.

...

Morir, morir a manos ajenas…,
¡que son las mías!
Certero, lúcido instante de libertad.

...

No sé aceptar la derrota, ¡mi derrota!
No sé vencer el miedo a estar sin ti, a *ser yo sin ti*.

V

Muriendo yo

En el bucle del
insomnio provocado.

En la obsesión
con la que sin piedad me golpeo,
aferrándome a quien hubiera
querido ser…,
contra la vida,
contra mi vida,
contra todo atisbo de lucidez.

Sujeto mi fetiche, cualquier fetiche,
una prenda misma
que yo toqué, olí,
con la que quisiera vestirme, desnudarme,
morirme, tenerla para mí siendo tuya,
solo tuya.

Acaso tu fotografía…
Asirme a ella, vivirte en ella.
Volver con ella al oscuro momento
del nacimiento,
en el que vida y muerte
aún están prendidas.

Volverme madre de mi propio dolor.
Parirme.
Doblarme, girarme, sobre mí misma.

Mis brazos envuelven tu fotografía
con mi dolor.

Me inclino, me vuelvo ella
con mi dolor.

Con mi dolor…, me siento tú, muriendo yo.

Te mezo y me mezo:
dolor, latido,
dolor, latido.
Dolor…, dolor…

Te mezo a ti, tú, puro dolor,
a la par de mi corazón,
con los latidos
de mi corazón.

VI

Mi vida
se ha convertido
en este tronco de árbol
en el que apoyo
mis manos.

Se reduce
al alcorque
que bordea,
suavemente,
mis pies.

Manos, tronco…
Mis manos no notan la aspereza.

Estoy dentro del tronco.
Hueca, en el hueco del tronco.

No oigo mi voz interior.
No distingo quién soy.

VII

Game over

¿En qué momento
me hice yo hueco
para que tú (cualquier tú)
arrojaras sobre mi espalda
paladas de arenisca?
Paladas y paladas de esa fina arena,
vidriosa y quebradiza,
que derrumba edificios,
que deja que te todo te cale, todo ese deshecho,
tuyo y no mío,
con el que quieres modelarme,
hacerme sentir
—ya se sabe—
culpable, desconcertada,
inútil, desorientada,
aferrada a ti.

Pero no.
Ya no.

He dejado el dogal
a mis propios pies.
—Dime…

¿Qué te conmueve?
¿Acaso has perdido algo? A mí, no.
Solo has perdido la mitad de ti mismo.

¿Dónde dejarás caer,
ahora,
esa fina segueta
que, si corta, cuando corta,
es porque el otro,
otra mujer, yo misma, se lo merece?

Mírate:

Tendrás que responder a la pregunta
que *la oruga* hizo a la pequeña *Alicia*
en el reino de su sueño:

¿Quién eres tú?

Un mapa de emociones
cubre las palmas de mis manos
en un ciego segundo:

Las teclas de tu piano han ganado su rumbo
y se han desgranado, como trigo
dorado de esperanza,
hasta el misterio de las hojas donde escribo...

No sé cuál poema, ni qué línea,
ni qué letra
ha vibrado en la corriente del río de Yiruma.

¿Acaso importa?

Solo importa
que un hilo de rosas crecientes se devana
entre nosotros, siguiendo la línea del ovillo de Ariadna.

[...]

Del poema Descubriendo River Flows in You.

5. Creándote, creándome

I

Creándote, creándome

Las *cosas* te tocan sin avisar.

Un día cualquiera, en un momento cualquiera,
ellas
se reconocen de golpe en ti,
se te abren literalmente,
se tensan, te empujan,
te dejan de lado,
se vuelven tú,
te suplantan.
Son.

Les das, lo mejor que puedes,
el movimiento de su movimiento,
con la palabra, puede ser,
–¿debería ser pintura, música, escultura…?–

Pero esa palabra es siempre la que te descubre a ti
y te hace *ser,* ante el otro,
parte del otro.

II

Aloe

(A Miriam, que leyó este poema y le dio vida)

Quiero conocer,
a manos llenas de ti,
la pasión que guardas
en el ángulo de esa sonrisa tuya
que se inclina
hacia un cuerpo de mujer,
que hoy,
ahora mismo,
quisiera que fuese el mío.

Háblale a mi carne
con tu carne.

Viérteme.

Colócame en tu costado
siendo tú
solo hombre,
siendo yo
solo mujer.

III

A E. García
In Memoriam

Ven a mí.

Tráeme tu brillo de caracola envuelta en nácar.

Ven a mí
con tu sonrisa de niño hombre,
tu sonrisa estrellada,
llena de caricias de mujeres.

¡Dame el aliento
que alienta el deseo!

Déjame,
hoy,
seguir tus pasos entre el brillo de las luciérnagas.

¡Hazme luz
con tu propia luz!

IV

La casa de madera

Ayer
no te conocía.

Hoy me abrazas
mirando la tarde del Veleta.

Blanco sobre blanco.
Cama blanca, alfombra blanca.
Cuerpos en página blanca.

El espejo nos mira
y no sabe quiénes somos.
Nosotros, tampoco.

El suelo es el lugar
exacto:

Tus muslos me sostienen
por encima de mí misma.

¡Madera, tú, en la madera!

Me elevas sobre el cristal
de la ventana y me dejas mirar

el triángulo de tu íntimo cielo,
hecho de escaladas, de grietas profundas,
de salvación en manos amigas,
de recorridos por hacer.

Me llevas a tus paisajes…
Querrías que te acompañara…

Me giro, un instante, hacia el espejo:

Él ya sabe quiénes somos.
Nosotros, también.

V

Sí
(A Samy)

En este instante, mar de fondo,
en que vas a hacerte hueco, ser en mí,
a tu forma y tu medida,
te me vuelan las palabras
y mi carne
hacia tu estancia vacía.

En el borde que late, aún sin saber,
mientras crece en mi boca la ribera insospechada de tu nombre,
mientras llega, mano a mano, este tiempo
tuyo, mío, nuestro —¡Ser nosotros!—,
me recuerdas la pregunta que me hicieras y respondes,
te respondes:

—Esto…, no. *Sí*.
—Esto…, tampoco. *Sí*.

Sí.

Sí despierto, *accelerando,*
en pura lucha, callando,
sintiendo. Sí.

VI

Nido

(A Juan Carlos, en quien me vi reflejada.
A nuestros padres, que nos identificaron
cuando ya no podíamos verlos con los ojos)

Yo te conocí
al borde de *una esquina rota*,
con el corte de la Bestia a flor de piel,
hondo, tan hondo como el Abismo
Padre y Madre de todos los abismos.

Oigo tu voz
y tu desgarro sin remedio alguno.

Eco en el eco de mi dolor.

…

¡Nido!
¿Quién *soy* sin ti?

…

No, no me negaré a mí misma,
ni a vosotros.

Tú y tú también
sois
conmigo.

VII

Preliminar

" […] cuando amamos…, asciende a través [de nosotros] una savia inmemorial […] en sintonía con el latido de la vida, con el ser de la vida, con el impulso de la vida, con el flujo más allá de las manifestaciones que pueda tomar la vida…, [esa] savia inmemorial del latido de la vida que constantemente está latiendo en nuestro interior ".

Joan Garriga, Vivir en el Alma (2009).

La savia inmemorial
(A Óscar Rubén)

Cuando yo me muera,
quiero llevar tus ojos
hasta la tierra,
hasta el borde de mi raíz,
tener en ellos
reguero,
alimento de estrellas,
que sube lentamente,
que se hace tronco vivo,
rama,
hoja verdinegra.

Cuando yo me muera.

VIII

Corazón de batalla
(Cielo y piedra, magnolios, agua)

Esta noche tus ángeles
han venido a derrotarte.

Te han mostrado el hueco virginal
que tu coraza cerraba,
inflexión eterna
del nacido, nuevamente, a la Luz.

Héroes, dioses, guerras.
Cantos. Epopeyas.
Imágenes, emociones, creaciones.
De barro son, incluso en tus manos
adiestradas por ángeles de a pie.

Pero Ellos, los excelsos, esperan
que tú cruces tus valles y tus ríos,
tu selva,
tu noche oscura.

Apenas un instante te ha valido.

Aguardabas su señal
tensando el límite de tu cuerpo,
cansado,

apoyando tu pie sobre la Tierra,
luchando por alcanzarlos...,
sin saber
que es el Cielo de tus Ángeles
el único recorrido
del don que ellos mismos te otorgaron.

Esperando están
para que les devuelvas su reflejo.

IX

Envuelves tu cabeza en el azul silencio
con tintes de cobalto,
Batul.

Se funde tu pelo con los desdibujados pinos
que ascienden por el viejo, hueco espacio
de la piedra, mientras los pliegues de tu pañuelo
se ajustan a la tierra,
que te corona
inclinada.

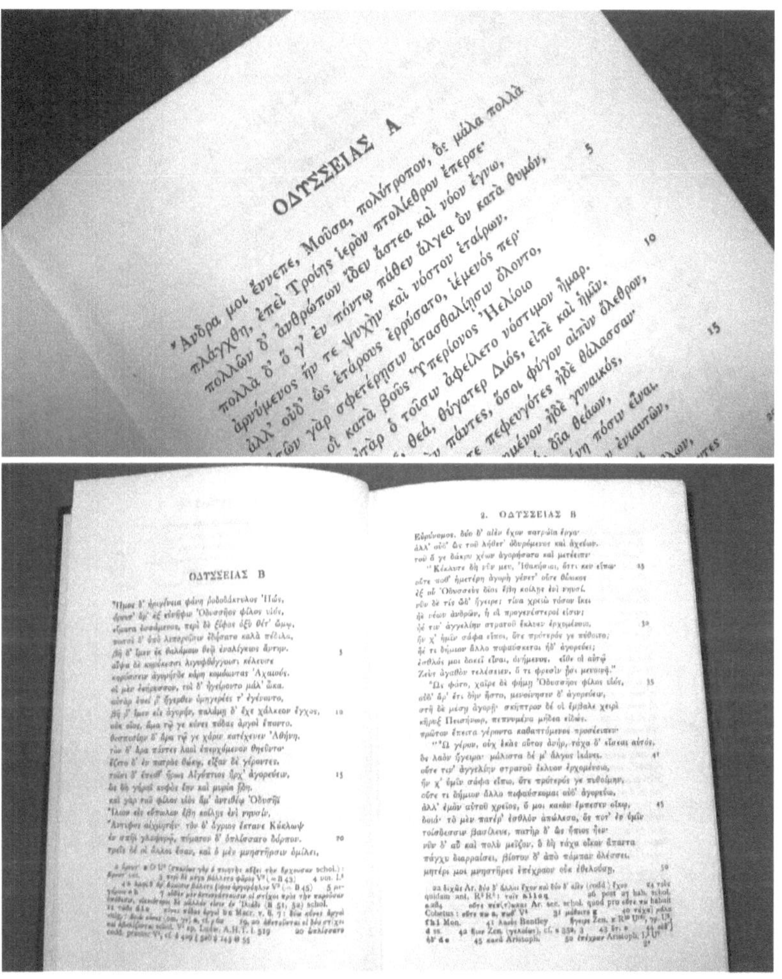

6. Aurora de rosados dedos…

"...ῥοδοδάκτυλος Ἠώς" *

(Aurora de rosados dedos)

¿Cómo se aprende a amar el cuerpo de otro hombre?

¿Cómo se aprende a respirar el aire
que otro hombre respira?

¿Cómo la sonrisa de un desconocido
se acercará hasta nuestros labios
y reirá por nosotros?

¿Cómo otra voz
entonará, con su brillo,
la Odisea,
el más bello de los cantos?

---

* "Cuando apareció la hija de la mañana, Eos [Aurora] de rosados dedos, el caro hijo de Odiseo se levantó de la cama, vistiose, colgó del hombro la aguda espada, ató a sus nítidos pies hermosas sandalias y, semejante por su aspecto a una deidad, salió del cuarto..."
Odisea, Homero, siglo VIII a.C., Canto II, vv. 1 y ss.

"Háblame, oh Musa, de aquel varón, de aquel hombre de gran ingenio que, después de destruir la sagrada ciudad de Troya, anduvo peregrinando larguísimo tiempo...".
Odisea, Homero, siglo VIII a.C., Canto I, vv. 1 y ss.

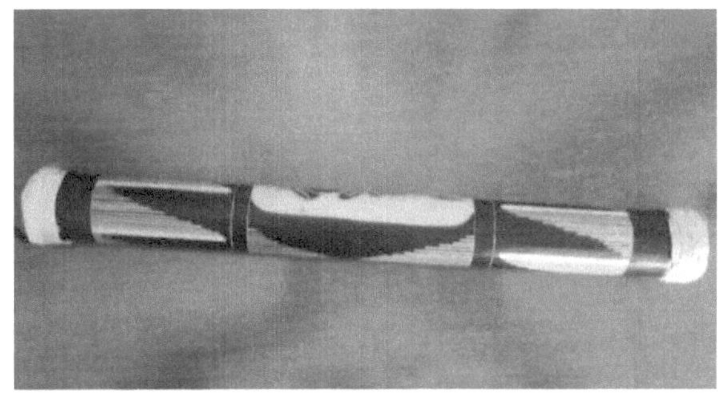

7. Girando el palo de lluvia

"Míralo desde tu esencia"

*Lama Sherab Gyaltsen Rinpoche, transmisor de las dádivas
'larga vida' y 'eliminación de grandes obstáculos'*

Estupa de la Iluminación, 20 de Junio de 2015

I

Aún me busco
en el sueño no cumplido,
en el roce maltrecho
de tus últimas palabras…

Soy… ¿Quién soy?

¡Muralla mía!

Quiero, piedra a piedra,
besarte, deshacerte,
sellar los restos de la batalla,
dejar que mi corazón resbale
sobre mi pecho sin coraza,
lanzarlo sobre la ola
con una medida nueva, distinta
de mí misma,
en la que me reconozca yo.

Quiero rendirme ante ti,
sentirme límite,
ser horizonte.
¡Solo horizonte!

II

*El legado de amor y fuego**
(La sombra dorada que en mí habita)

¡Mujer, en su raíz, girada…,
empujada contra la pared del silencio,
rechazada,
vetada en su ancestral, femenino instinto
de amor y fuego!

No pudo rendirse mi libertad a tus miedos
convertidos en control,
a tu dominio sin cesión alguna…
No pudo rendirse, someterse…,
tan solo pertenecerte
el tiempo de una rosa.

Libre de la decepción, de la ira,
acaso, definitivamente,
de la inútil elección de la tristeza.

____

*　*Cuando el amor es pasión y vida compartida, y el fuego es hogar.*

Con el miedo, aún, de los golpes insaciables del abandono,
guardados, sin la voluntad mía,
bajo lugares exactos de mi piel.

Mujer en derrota…,
¡cierra los ojos al espacio que te aprisiona,
cambia el discurrir del tiempo!

Aquí me tienes.

Vengo…

A recoger los restos de aquel campo de batalla
que en ti perduran,
a cargar con ellos,
a guardarlos sin su daño, a hacerlos míos
siendo yo… tú misma,

A rescatar tu legado,
sombra dorada llegada a ti
como *valor de vida*
—no aceptada por quien tú querías,
reconocida, hoy, por ti misma.

A proteger tus pasos, diminutos y esquivos, tan seguros ya.

III

Desdoblamiento

Es el viento. Es el viento que me sigue,
que me obliga con su mano poderosa
a llenar de ti mi mente sin descanso,
que me parte en dos mitades
que luchan, invencibles,
para hacerte vivir en mí como un *Gigante*
dueño de su conquista,
       de los ya
             exiguos restos
                  de su conquista,
¡para impedir que mi vida
sea mía!

– ¡Descansa, viento!

Ya confié mi secreto a tu susurro:

Ofrecí dulces pétalos, caídos de nuestros labios,
ante el altar de Buda.

Dejé la luz que juntos engendramos
al cuidado de las Flores de Loto.

No hay nadie a quién vencer.
No quieras provocarme…

¡Mírate! Solo eres viento.
¡Mírame! Sé bien quién eres.

¡Descansa, viento!
¡Descansa!

IV

Mi techo de cristal
(A Belén y su unicornio azul)

Llevo dentro mi ser más femenino,
el que vislumbré, viví, a través de tu manos y tu boca,
de tus raíces de ancha tierra,
de tus íntimas metas.

Pero crecer… ¡Crecer!
Crecer en la dirección que sea, eso,
eso es lo es lo que quiero.

Tener inquietudes, conversaciones pendientes,
escribir un poema, construir un nuevo techo de cristal.
Mirar.
Tocar, acariciar…, sentirme a través de otro.

Aceptarme.
Encontrar el equilibrio, limar la disputa
entre los momentos tristes y alegres de antes,
de antes y de hoy mismo.

No puedo conformar mi vida
con el solo hecho
de estar *Aquí.*

V

A Draco Rosa.
(En homenaje a su canción "Quiero vivir")

Hoy quiero
serenar mi mente, detener
este río de recuerdos que cruza por mi cabeza
como un ejército desbocado:
izquierda, derecha,
derecha izquierda;
como un ciego volcán
de puntos cardinales:
norte, sur,
este, oeste.

Quiero vivir al amparo de la belleza,
contemplar
delicadas simetrías estructurales
llenas de color y aroma,
amarillos jacintos, moradas lilas,
blancas varas de nardos
y azucena,
dibujar preciosas hojas de acanto
sobre desnudos capiteles,
cruzar nobles y poderosas puertas
guardadas por míticas figuras,
descifrar sabios mándalas

tibetanos,
soñar la creación del mundo
en las manos repetidas
de dios y Miguel Ángel,
pasear por los Jardines de Sabatini
y de la Alhambra,
mirarme,
agua,
en tu reflejo desdoblada.

VI

La búsqueda del tao [*]
(Para Alma, que me enseñó a llegar desde el Tai Chi)

Tú serás sombra mía,
raíz no hundida en la tierra,
muerte de una sombra dorada, que, sin querer, yo escondí,
que, sin saber, proyecté en otro.

Solo espero, vida mía,
caminar lentamente, suavemente, a tu lado,
liberarte del reino del instinto, de temores animales,
deshacer con la boca, con palabras, con los labios,
a besos,
las forzadas amarras de cada día,
la sublime tiranía de lejanos arquetipos,
construcciones gregarias, distintas en el tiempo,
fabricadas con experiencias ajenas, bondadosas y malévolas,
que, ahora…, viven en mí,
adivinarte,
llevarte, vida mía, ciegamente guiada
—talón, planta…, manos, aire,
elevación,
impulso, paso, avance diagonal, aire, tierra,

---

[*] "Es raro encontrar el sentido de la vida y que se te escape de las manos".
De la película *Jugar para ganar* (2009).

mirada, dirección—,
llevarte
hasta la Luz de la que partí,
sin apropiarme de nada
ni de nadie.

VII

Ciclo
(De vuelta a la Fuente)

Vence el círculo
su propia forma,
retorna a su origen
más puro
e ilimitado,
a la línea de agua donde nace,
al perfil de dos Sombras
que se desvelan
en esta otra Vida.

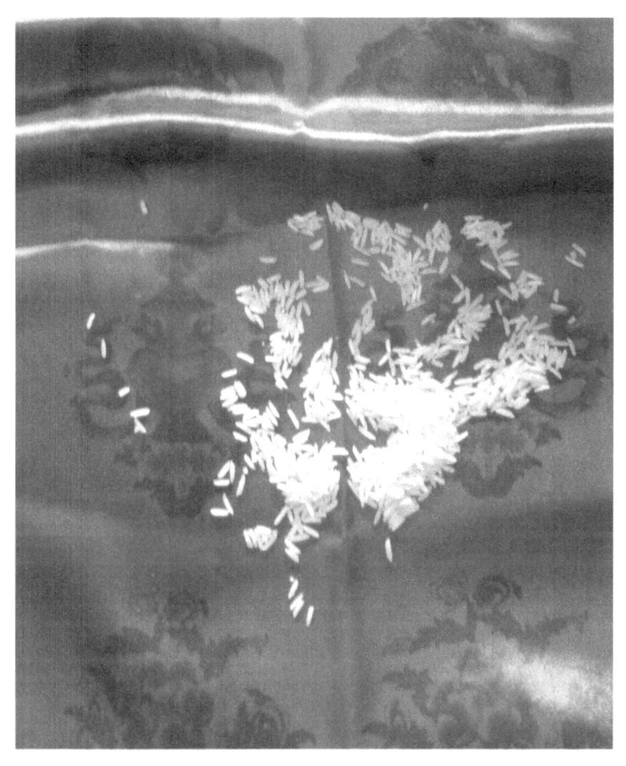

8. La redención del Yo

Sobre la pérdida y la redención del Yo
(En atención a las enseñanzas de Zoli)*

Cuando la *Misericordia* llega hasta nosotros, se desmorona el escudo del ego.

El ego dolido, acuciado por el dolor, solo sabe replicarse en facetas de sí mismo, reconvertirse en ilusorias imágenes que protegen nuestro Yo de la 'soledad', que lo salvaguardan de la angustia de la 'pérdida'.

Cuando la *Divina Misericordia* llega…, llega también de su mano *la humana comprensión*: somos, entonces, capaces de alejarnos del ego y mirar sus formas como calmados espectadores; somos capaces de reconocer esas formas dentro de nosotros y abandonarlas.

Con nuestro esfuerzo, con la práctica, con humilde sabiduría, dejamos ir los sentimientos negativos atrapados por el ego, recomponemos nuestra sesgada interpretación, tomamos las cosas como son y no como queremos forzosamente que sean: alcanzamos *La Claridad*.

---

*   Zoli ha sido mi *guía*, dentro de la Estupa, durante más de dos años. Para él mi debido y sincero agradecimiento.

Quisiera mostrar también aquí mi gratitud al lama Karma Trinlay Rinpoche, quien, en respuesta a mi pregunta sobre el proceso de reconocimiento y abandono de los sentimientos negativos, expresó con la palabra "freedom" el punto de llegada de dicho proceso (Conferencia: *Transformando la Confusión en Sabiduría*, Estupa de la Iluminación, Benalmádena, 17 de Julio de 2015).

En este momento podemos distinguir las imágenes fabricadas por nosotros mismos ante *la derrota no asumida:*

La imagen del otro en mí

'Tú, como yo te siento dentro de mí', 'tú, mi dolor': un tú desasido del mundo real, que vive en nosotros, un falso tú engendrado por nuestra mente, un yo desvirtuado, dislocado en un 'tú'.

La imagen del propio Yo desdoblado en un yo dolido

'Imagen del Yo que sufre el dolor causado': un yo lastrado, signado con la triste misión de sufrir.

La Claridad permite que contemplemos las imágenes del ego como espejos de un único Yo que había enfermado tomando formas aparentemente libres, sin saber:

- Que somos nosotros mismos quienes hacemos vivir esas formas en nuestro interior como actores de un interminable diálogo.
- Que esas formas son nuestras y que, como nuestras que son, podemos confrontarlas y dejar de atenderlas.
- Que las imágenes del ego se desvanecen cuando el Yo, desde la Claridad, las hace mirarse cara a cara.

El Otro queda fuera de nuestro alcance, como en realidad siempre estuvo, queda fuera de nuestros condicionamientos y deseos. El Otro es quien él ha sido y es, quien haya de ser, sin mediar nosotros en él:

- Vemos al Otro inmerso en su destino sin nuestra crítica, aceptamos sus actos, le deseamos lo mejor: ¡Divino Perdón, nacido de la Misericordia!
- El Otro deja de ser 'el oculto enemigo': nuestros miedos y nuestra dependencia, poco a poco, desaparecen.

Cuando nuestra mente se calma, aceptamos al *Otro* en su auténtica dimensión y podemos ser, por fin, *solo nosotros*:

- *El Yo recuperado* tiene que actuar, volver a encontrar la visión de sí mismo, *volver a su esencia*, dejar de entender su existencia a través del Otro, tiene que *dejarse ser*.
- Ha de averiguar *quién es él* sin dar refugio, por más tiempo, a aquellas imágenes formuladas por el ego que nos habían esclavizado y torturado, que habían sembrado en nuestra vida la idea del dolor como modo de sentirnos vivos ante el puro dolor.

ÍNDICE

4. ¿Quién eres tú?

5. Creándote, creándome

6. "Aurora de rosados dedos…"

7. Girando el palo de lluvia

Relación de fotografías e imágenes

1. La palabra dormida

Escalera del agua. Jardines del Generalife (Granada). Arquitectura civil nazarí, siglos XIII-XIV.
Archivo de la autora.

2. Cuando el espacio se torna sobre sí mismo, fuera del tiempo

Reproducción sobre espejo del saludo a Shiva:

ॐ नमः शिवाय
Om namah shivaya

Se trata de uno de los mantras más antiguos del hinduismo. Puede traducirse «¡Om! Reverencias a Shiva», o también: «Me inclino ante Shiva», «Invoco a mi Ser Interior».
Archivo de la autora.

3. Creándote, creándome

Reproducción parcial de **Descubriendo River Flows in You.**
Poema de la autora.

4. Como si tú me miraras. Azul y morado

Fragmento de Arco Iris reflejado en el suelo.
Archivo de la autora.

5. ¿Quién eres tú?

Alicia en el país de las Maravillas, Lewis Carroll (1865).
Capítulo V: El consejo de la Oruga.
Ilustración cedida por su autor: Fran Sánchez.

6. Girando el palo de lluvia

Palo de lluvia.
Archivo de la autora.

7. La redención del Yo

Granos de arroz sobre katak de seda azul.
Archivo de la autora.

8. Aurora de rosados dedos...

Textos de la Odisea, Homero, siglo VIII a.C.
Archivo de la autora.

Imagen de la contraportada

Molde interno de figura búdica.
Archivo de la autora.

Nota de autor

Este libro se terminó de escribir en octubre de 2015.